ANDREA MARIA KELLER

MÄANDERLAND

GEDICHTE

1999-2012

TAGEDIEBESGUT

»wer in einem traumbuch
aufgewachsen ist, sage ich,
der lässt sich von der realität
kein x für ein u vormachen.«

H. C. ARTMANN

zur serenade
der amsel die flugkünste
der schwalben · so leicht
könnte leben sein · fände
ich die eigene klangspur

FRÜHLINGSERWACHEN

aus dem traum
mitten in der stadt
in den wald tauchen

schlafbeflügelt noch
der symphonie
der vogelstimmen
lauschen

auf der endlosen reise
rund um die erde
streift uns ihr klanggewebe
für eine kurze zeit

trägt uns
auf seinen schwingen
jeden morgen in andrer weise
durch die gebiete des zwielichts

spinnt einen faden
aus dem reich der seele
ans ufer des tages

»Heute habe ich nichts gemacht.
Aber viele Dinge geschahen in mir.«

ROBERTO JUARROZ

HOMMAGE AN EINEN TAGEDIEB

wie viele vertreiben sich die zeit
mit spass und stets dem letzten schrei
mit arbeit ohne rast und der angst
ohne nichts selbst gar nicht zu sein

du dagegen versuchst es anzulocken
dieses scheue wesen zeit
und im innern seinen raum

beim nichtstun schweigen lauschen
gehen in die weite nähe sehen
brütest du das ei der erinnerung aus

und trägst dann steinchenweise
in später nacht vorbei an der grenzwacht
über den strom federleicht und leise
das tagediebesgut

GARN

wie bekäme der atem gestalt die liebe duft
und ewigkeit der augenblick der falter seele
flügel und im sturme halt das unsagbare
leben eine nabelschnur die erde samen

die selbst dann noch keimen mögen
wenn die fäden im uralten gewebe
schütter werden die parzen müde

wo brächten wir unter was
dazwischen ist wären da nicht
die worte farben klänge formen
schritte im tanz

das garn der lügen in dem sich
die wahrheit uns menschen
flüchtig fassbar verfängt

RENDEZ-VOUS

altert dem kind entgegen
das er nie sein durfte
als er es war

freut sich über kleine dinge
das rotkehlchen auf dem fensterbrett
ein zwitschern ein lächeln ein streicheln
den nachtfalter an seinem bett

längst hat er vergessen
was gestern war
und morgen
liegt in weiter ferne

so nah wie damals aber
hinter der bitte
um ein stück brot
als er verdingbub war
sind die einfachen fragen

woher kommen wir
wohin gehen wir
warum sind wir hier
was hält das all
wo ist der kern

noch immer bleibt
die endgültige
antwort aus
nichts
als querverweise

DIE ALTE FRAU

wer wird sich
mit der kleinen katze stundenlang
über den unglaublichen duft
der rosen in diesem sommer
unterhalten

wer die strasse überwachen
den ganzen tag hinter dem vorhang
das ein-und-aus-gehen
in den häusern nebenan
und endlos brummen über die neuen sitten

wer sich in schlaflosen nächten
wehmütig ärgern über die kichernden jungen
die auf dem ziegeldach sitzen
und vergeblich die sterne
mit süsslichen rauchringen bezirzen

wer in unserem viertel wird all die belanglosen
einzelheiten über so viele jahre speichern
kauzig zu unvergleichlichen geschichten verspinnen
und murmelnd sie einzig dem schweigsamen
gedächtnis der grau getigerten katze anvertrauen

wer wird noch zeit haben
dem wachsen zuzuschauen
unkraut zu zupfen von hand
und über das wetter zu plaudern
am tor des gartenzauns

wer wird die knospen zählen
am kletterrosenstrauch
wer den sträflich vernachlässigten

pflanzen des nachbars versprechen
dass sie gleich wasser erhalten

doch die jahrzehnte tragen sich schwerer
und schwerer die treppe hinauf und hinunter
zittriger umfassen die knorrigen hände
das unverzichtbar gewordene geländer
die giesskanne ist nur noch zur hälfte gefüllt

niemand wird weinen wenn die alte frau
nicht mehr in unserer strasse wohnt
doch die strasse wird ärmer leerer sein
und die graue katze wird noch manchmal
einsam durch den garten streifen

MADAME DE MEURON · SPÄTER NACHRUF

vielleicht wird
die edle alte dame
uns heute
ohne absicht
noch zur zenmeisterin

und auf die frage
»syt der öpper
oder nämet der lohn«
antworten wir
dereinst gelassen

ich bin

ODYSSEE

jeder schritt ein orakel
omen ein jeder ort

jeder laut ein zeichen jeder schmerz
ein stich in die wunde das lächeln
lotse zu wundern die unrast
trägt die botschaft ungesagt

im atem die leere als lehre
nicht die wahrheit nur
was du erfragt zum nächsten schritt
auf der eigenen irrfahrt dorthin

jeder tritt ein orakel
selbst jener von hinten
manchmal samen ein wort

GEDICHTE WACHSEN

gedichte wachsen
auf sand
warten unbeirrt
bis ein tropfen regen fällt
blühen nach tausendundeiner nacht
in frisch gezeugten farben
wüstenblumen gleich

gedichte wachsen
auf mist
hell und klar
aus dunklem grund
und machen sich nichts
aus üblem geruch

gedichte wachsen
auf wiesen
in mauerritzen
kiesgruben
im strassengraben
allerorten
unscheinbar
leicht zu übersehen
und zu zertrampeln
wie nichts

gedichte wachsen
wie unkraut
so genannt
weil noch keiner
und niemand mehr
weiss
wozu

es ist
nicht auszurotten

gedichte wachsen

und fallen
selten
vom himmel

da und dort
entdeckt sie jemand
versucht
sie zu entziffern
und behutsam
auf papier
zu übersetzen

FLEDERMÄUSE

gibt es keine fledermäuse hier
fragst du den schweigsamen begleiter
auf dem spaziergang
zwischen tag und nacht
in diesem land
wo man solche mit flügeln
mit flinten und leimruten fängt

ein paar schritte weiter flitzt
ein schatten vorbei
und du erschrickst

als sei sie gerufen
tanzt vor deinen augen
eine fledermaus
hin und her
in zickzackkreisen

so nah
dass du aus der betäubung
von wild in deinem kopf
sich jagenden gedanken gerissen
meinst gar ausweichen zu müssen

ob unsre fragen
leise laute längst vergessne
spuren legen
lesbar für tiere
und begehbar für all jene
die an den weisen
der wellen sich orten

wer um himmels willen
gibt dir das recht
zu spazieren
am heiligen werktag
mutterseelenallein

und wer hat dir erlaubt
unter platanen zu sitzen
mutterseelenallein

eine streunende katze
blinzelt dir tagediebisch zu

MEMO

die füsse beim aufstehen
im erdreich verwurzeln

mit dem eigenen atem
dich vermählen

im drehbuch des lebens
zwischen den zeilen lesen

dich nicht beirren lassen
von vollendeten tatsachen

lernen
blind ins schwarze zu treffen

dir selbst
auf die schliche kommen

nachts
ins sternenmeer tauchen

den traumpfad finden

und den anker werfen
ins all

KEHRSEITE

*»Wer weiss,
was der Vogel Strauss
im Sande sieht?«*

SAMUEL BECKETT

AN EINEN DICHTER

die kehrseite
nach aussen
trägst du
nur selten
schwarz
lebt es
sich leichter
zugeknöpft
bis zum kinn
reicht das wasser
für einen
wie dich
gilt
was nicht zählt
und nicht gereiht ist
auf die schnur
zur welt

das rauschen
der wörter
zwischen den ohren
und
das eine
das stets
zur unzeit
springt

worüber schweigen
worüber sprechen
ist silber
ist gold
nicht
zu schmelzen
zu schmieden

wer aber
bestimmt
des einen
des andern
form
wenn nicht
im herzen
des alten
schmiedes lied
das ton
für ton
entsprungen
aus stille
staub und russ
unablässig
sich stimmt
nach dem grossen
gesang

im köcher
die worte
präpariert
mit gegengift

bisweilen
spannst du
den bogen
und schiesst
einen pfeil
in die luft

selten
zielst du direkt
ins schwarze

wer weiss
ob dort nicht
mit zwiefach
nachwachsenden häuptern
die hydra haust

IMMERGRÜN

trägst immergrün
derweil die bunten
farben unaufhaltsam
zerfallen
und die welt
vom nimmermüden
treiben blind
sich richten lässt

zeit ist geld
zeit ist geld

ein ereignis jagt
das andre
kaum jemand weiss
ob er jäger
oder wild
nur du
trägst
immergrün

die zeit läuft
die zeit läuft

blatt an blatt
rankt sich
die blanke
hoffnung
immergrün
das grau
melierte
hirngespinst

kommt zeit
kommt...

so jung
denkst du manchmal
beim anblick
überschäumender
kichernder mädchen
warst du nie
in diesem leben

bisweilen geht dir
das gleiche durch den kopf
wenn du unfreiwillig
ein gespräch älterer herren
am tisch nebenan hörst

UNERLOSCHEN

unerloschen
die glut der wunde
am tagrand
flackert sie auf
noch immer
wenn ein wind
hineinfährt

das funkeln der sterne
tagsüber unsichtbar
trost einst
am nächtlichen firmament
ist nun beängstigend
das leid zu lindern
vermag es nicht
was leuchten will sucht
einen dunkleren grund

schicht um schicht hat sich gelegt
um den winzigen stein des anstosses
von blossem auge kaum sichtbar
mit feinstem seidenfaden
einer an den andern gereiht

perlenkettengleich liegt in dir nun
was vor jahren schmerz war
schatz geworden ist
was schmutz einst war

und weit geworden
ist dein innerstes – so weit
dass andre sich in deiner gegenwart
mit einem male heimisch fühlen

womöglich ist verwundbarkeit
für dich der einzige schutz
gar eine deiner höchsten gaben
und die alten wunden
mögen dereinst unverhofft
auch dich zu wundern führen

(für E. B.)

P. S. POST MORTEM

und traute mich nicht
dir das gedicht
zu hiesigen
lebzeiten
zu schicken
zu ungehobelt
schien es mir
für eine wie dich

ob du dort
wo du jetzt bist
nebst sphären
auch die erde
die so tief
und schmerzlich
geliebte
noch liest
und uns
von zeit zu zeit
ein passwort reichst
das hüben
und drüben
gültig ist

(für E. B.)

WO DU BIST

was trägst du
für schuhe
wo gehst du hin
was treibt dich um
und an
und fort
was lockt dich
in die welt hinaus
und was hinein
wohin fliehst du
wenn du dich
nicht mehr aushältst

wann bist du
zum letzten mal
barfuss gegangen
in wessen fussstapfen
gehst du
im kreis
was lässt dich bleiben
wo du bist
wer geht
wenn du bleibst
wer bleibt
wenn du gehst
läufst du
von etwas weg
oder läufst du
auf etwas zu

wer bittet darum
zur seite zu treten
wenn du dir selbst

im wege stehst
wer bist du
wenn du bleibst
wer
wenn du gehst

bist du
wo du bist

FLÜGGE

flügge geworden
vom leiden
glaubst du
springen
zu müssen

doch es gibt
keinen weg
hinaus

jede flucht
scheint nur
eine der fluchten
im eigenen
spiegellabyrinth
zu sein

ZU GRUNDE

den dingen
auf den grund
gehst du
zugrunde
dreht sich
die welt
im kreis
kehrt sich
nach aussen
das leben
nach innen
der kreis
ist offen
weisst du
nur wo

SOMMERREGENTAG

die lust sich zu schminken
an tagen wie heute
düster und kalt von regen
und vergilbten papieren
unter dem staub
erinnerungen
an eine unbeschwerte zeit
und eine alte liebe
begraben im sand der tage

auf und davon jetzt geschwind
die gepuderte nase
im frischen wind
blitzt hinter den lidschatten
flugs ein schimmer hoffnung
und auf den lippen rot
wie wein ein lachen
im einen auge im andern
eine dumme kleine träne

flink nun
dem trott entschlüpfen
bevor die tusche
auf wimpern und papier
verschmiert
als körnchen wahrheit
getarnt
entrinnen dem rad
das mahlt und mahlt und mahlt

hinter dem lack
in der farbe
verbrannter erde

wird niemand
den trauerrand
unter den nägeln
brennen sehn

COGITO ERGO

ich denke
also
bin ich

nicht
ganz

also
zäun ich
mich im kopfe ein

also
schneid ich
mich vom leben ab

also
stech ich
ein paar förmchen nur
aus dem grossen teig

also
blick ich
durch tausend schleier
in die welt

also
blas ich
mit meinem kleinen atem
seifenkugeln bloss
aus dem ewigen schaum

cogito
ego sum

schillernd
und zerspringend
wie nichts

DADA GUGU

»Als das Kind Kind war,
ging es mit hängenden Armen,
wollte, der Bach sei ein Fluss,
der Fluss sei ein Strom
und diese Pfütze das Meer.

Als das Kind Kind war,
wusste es nicht, dass es Kind war,
alles war ihm beseelt,
und alle Seelen waren eins.«

PETER HANDKE

DER ERSTE BLICK

kleines wesen
wenn ich die welt
mit deinen augen seh
bevor die dinge
namen tragen
die welt
von einem augenblick zum nächsten
schält sich
aus ihrem abgetragnen mantel
tanzt unverschämt
wie dazumal
bevor das wissen über gut und bös
ihr einen graden scheitel zog

in unfassbarem glitzern
schlüpft aus dem kelch der rose
eine kleine fee
und aus dem schafspelz kriecht
anstatt des ach so lang
mit furcht gehegten bösen wolfs
ein kuschelbär

die dinge
früh ergraut
eingesponnen und verpuppt
in alten mustern
entfalten sich
in frischen farben
zu einem grossen schillern
ahnen
fragen
staunen

und mit jedem schlag
klopft der beinah blind gewordne
steinmetz herz an die tür
zum unbekannten reich
des ewig ersten augenblicks

GUTENACHTSPIEL

mit taschenlampe und händen
zeichnen wir sterne monde
tiere fratzen worte an die wand
licht- und schattengestalten
die du eifrig zu erhaschen versuchst

wie der zugvogel am himmel
bei seinem kommen und gehen
hinterlässt das spiel spuren
nur in dir und die wand bleibt
tabula rasa

wie aber könnte die schwalbe
ihres fluges lied je vergessen

DADA

einsamer denn in diesen
zweisilbigen tagen nie
die eignen sätze
fragen und gedanken nur
rundum
dreht sich
das karussel
gugu dada

schon blättert
die farbe am sattel
laut lacht der gaul
mit fleckigen zähnen
hauchdünn das fell
stumpf starrt der löwe
auf die beute
die unerreichbar
vor der nase steht
und flieht wie er
vor der nabe
die ihn hält

im vorübergehen
bleibt hängen
der blick
am kind
wird gemessen
die gute
mutter
die schlechte

dann und wann
ein weisser elefant

uraltes atemloses
ringelspiel
gugu dada
gaga dudu

wo in diesem
blinden wirbel
aus kommendem
und schwindendem
ist bloss
die lücke
zum da

da

STRANDBILD

zelle an zelle
am strand
tausend geschichten
tausend leben
verflochten
mit noch vielen mehr

die wellen
kommen und gehen
immer wieder
klingelt ein telefon

drahtlos
ein paar worte
über den unsichtbaren zaun
versanden
die gitterstäbe
werden respektiert

flöhen
und lausebengeln nur
gelingt es
zuweilen
durch eine lücke
zu schlüpfen

SCHLUSSLICHT

warum schon wieder
auf struppigen wegen
quer durch den wald

warum schon wieder
ausgeschlossen
aus gesprächen
auf augenhöhe

warum schon wieder
ich das schlusslicht

mit dem kind an der hand
jenen hinterherhastend
mit ziel vor den augen

pflichtbewusst
aufmunternde worte im mund

unerwartet
am wegrand
als antwort
ein herz aus moos

NOVEMBER

wo kommt bloss all der regen her

seit tagen hängt die wäsche
auf der leine unterm dach
wird und wird nicht trocken

unverdrossen nur die rosen
und das kleine kind

jauchzend stapft es
durch die wasserpfützen
trägt stolz
den grossen regenschirm
streckt gesicht und zunge
in den grauen himmel
und lässt sich
von den süssen tropfen kitzeln

freut sich
dass die traufe ein wasserfall ist
dass die steine
von den hängen purzeln
und allerlei schiffchen
im strassengraben fahren

wo kommt bloss all der regen her

ich wünschte mir
zwei lichtere tage

tage
an denen die farben
des morgens des mittags

des abends nicht bloss
schattierungen der nacht sind

tage mit dem duft von laub
das dürr von einer milden
altweibersommersonne
unter den füssen raschelt

tage
an denen die letzten rosen
noch einmal ihre köpfe heben
und ohne dem so lang verhangnen
himmel zu grollen
mit verblichnen blättern
unverzagt ins blaue blühen

TAGESRAPPORT

was ich gemacht hab heute

drei mahlzeiten zubereitet
geschirr gespült
frisch aufgeplatzte wunden geleckt
eitrige desinfiziert
berge von wäsche gewaschen
aufgehängt
zusammengefaltet
währenddessen
eine bauch-herz-hirn-
spiegelung gemacht

müll entsorgt
schön getrennt
seelengerümpel
ins schrottbuch abgelegt
die fenster geputzt
und mir allerlei
nichtigkeiten angehört

ein halbes dutzend mal
die kette am kinderrad
wieder eingehängt
einen dreiangel geflickt
nickend
einmal mehr
die beziehung gekittet
ballwerfen geübt
und staub gesaugt
um endlich den flöhen
den garaus zu machen

wo's ächzte
ein tröpfchen öl
ins getriebe gespritzt
wo's trügerisch
geschmiert lief
ein paar körnchen
sand gestreut
...

nichts
was der rede wert wäre also

GRAVITATION

an manchen tagen scheint
die erdanziehungskraft
stärker zu sein als sonst

schon beim frühstück
fällt dir eine tasse
aus der hand

später ein löffel
dem mann ein glas
und auch die blumenvase
zerschellt

am mittag kommt das kind
mit blutenden knien
und ellbogen nach haus

vor dem fenster
fällen regen und wind
einen baum

und in der nacht
fällst du ins schwarze
raum um raum

reisst verzweifelt
an der leine
doch der fallschirm
klemmt

schneemoos
sagt das kind
beim anblick der frisch
verschneiten wiese
wo über nacht
abermilliarden kristalle
gewachsen sind

hopfen und malz
sind also nicht verloren
die erziehung nicht bachab
und nicht vollends geschädigt
die aufmerksamkeit
wie allerorten
vermeldet wird

schneemoos
sagt das kind
und seine augen glitzern

RECHTSCHREIBUNG

in manchen dingen
lehrt dich das leben
hat die rechtschreibung
nicht recht

der abc-schütze
der in sein heft kritzelt
die grossen seien lahmsam
trifft im grunde
ins schwarze

auch schriftstehler (mit h!)
oder schriftseller
ein sogenannter flüchtigkeitsfehler
ist nicht in jedem fall falsch

um der wirklichkeit
gerechter zu werden
müsste irdisch
vielleicht mit zwei r
und selig mit zwei e
geschrieben werden

wer kindern
unvoreingenommen
auf die finger guckt
kann da und dort
unversehens
einen neuen kontinent
entdecken

taumelbuntfalter
herzpfeilschiessen
wasserfarbengetuschel
glückspilzjagen
wintersonnenwendling
autoschlangenkraut
irrlichterfunkeln
jakobsleiterspiel
schachkönigsmutter
stilblütenzauber

ei ei
auch ich kann
wörter machen
die seiltanzen
im wind

HERBSTSYNKOPEN

*»Es zeigte sich in schwersten Augenblicken,
ein Schimmer nur auf irgendwelchem Ding,
ein Schatten, der vorüberging,
ich sah, bevor es fiel, das Blatt, sein Nicken,
ich sah etwas, das sich in nichts verfing.«*

ERIKA BURKART

ach könnt ich wie die rosen
selbst im verwelken
mich entfalten

FERMENTATION

ein sommer
so wortlos
wie noch kaum
ein sommer war
obwohl es ungezählte
regentage gab

bereits purzeln die kastanien
wieder von den bäumen

du fühlst
die hefen wachsen in dir
myzele
die alles durchweben
ein grosses gären

nichts wird spruchreif geboren
gase nur steigen dann und wann auf

noch ist der wein nicht reif
und der mist zu frisch für die felder

JAHRMARKT

dann und wann schaust du
dem weissen elefanten
tapfer in die augen

fährst ganz alleine
auf dem riesenrad

mit geschürzten lippen
zupfst du an der zuckerwatte

luftig aufgesponnen
um ein dünnes stäbchen aus holz

wie die geschichten deines lebens
die du erzählst und erzählst
weil du im grunde nichts weisst

schon damals
schmeckte sie scheusslich
und sie tut es immer noch

du lutschst gebrannte mandeln
langsam bittersüss
heilt eine alte wunde

und das herz verjubelt
sein letztes taschengeld
auf der achterbahn

HERBSTSPAZIERGANG

in der nase
der geruch
von nassem laub

der boden gluckst
bei jedem schritt

im ungefähren
schleppend
der glockenschlag
einer kirche

ein anderer folgt
wehmütig
zögernd
auch er

ton in ton
die welt
im nebel
ein weg
ist ein weg

nichts zeigt
die richtung
aus der ich kam
in die ich geh

langsam
schritt für schritt
wie ungewollt
lass ich meine füsse
wandern

ach könnt ich
wie der regen
fallen
jetzt
als ob nichts wäre
als –
halt

in allem

HERBSTSEGEN

behutsam öffnet die sonne
den milchigen schleier
über dem see

die strahlen fallen
auf die alte mauer an der strasse
die von zahllosen blättern
überwuchert ist

als bäumten sie sich ein letztes mal auf
als hätten sie ihre kräfte ein leben lang
für diesen einen augenblick gebündelt
entflammen sie zu einem feuerwerk aus farben

dich trifft es wie ein blitz
und noch stunden später
lodert ein jauchzen in dir

BERLIN STELENFELD

die stelen stehen
namenlos und schwer
dunkles
graues meer
von rätselhaften winden
leicht gewogt

die schritte hallen
in den schmalen
steinalleen
lassen sich
nicht orten
im niemandsland

benommen
fällst du
aus der zeit der ziffern
die wirklichkeiten
verflechten sich
nach eigenen gesetzen

drei kräne recken ihre rümpfe
in den abendrotgetränkten
regenwolkenhimmel
stehn mit ausgestrecktem arm
ein jeder gerichtet
woanders hin

aus den kaminen steigt rauch

hoch oben krächzen krähen
und fliegen wirren schwarms
über das stumme feld

stimmen
schwirren zeitlos
im raum

in naher ferne
leuchtet gläsern
die kuppel des reichstags
dom einer welt
die kein bleibrecht
gewährt

die ampel an der kreuzung
wechselt unaufhörlich
von rot auf grün auf rot

kinder spielen verstecken
hüpfen von stele zu stele
trotz verbots

unter den füssen zu staub geworden
was aus staub sich formte
für ein flüchtiges weilen

bald wird es schneien

ein paar schritte entfernt
stellt ein mann den kragen
seines mantels hoch

und tritt versunken
auch er
in einer welt
in der die schichten
der zeit verschmolzen
die kippe aus

wohl dem
der heimat
findet im all

(Herbstsonntagabend, Ende Oktober 2006)

ODE AN DEN HERBST

die flüge sind billig in diesem jahr
ein freund nach dem andern
reist in ein wärmeres land

ich aber schlürfe
die farben des herbstes ein
wie muttermilch
labe mich am herben
duft der wandlung

bin gespannt
auf die grautöne
die der himmel
in diesem jahr
komponiert

sehne mich
nach den kahlen bäumen
dem blütenweissen schnee
der kristallklaren luft

dürste nach der brachzeit
in der ich endlich
das gewirr im fadenkörbchen
zu entflechten hoffe

IN WEITER FERNE SO NAH

am himmel vermählen sich
nebel und rauch

die grell geschminkten bäume
schon liederlich entblösst
lassen den regen der nacht
von sich tropfen

gelb geworden
wachsen die gräser
mir über den kopf

ein duft von umbruch
verströmt sich in der luft

bald werde ich nach hause gehen
und mit klammen fingern
ein feuer entfachen

noch flackert die glut
des sommers in mir
und du
den flügelschlag eines gedankens
entfernt am andern ende der welt
ein hauch genügt

DIE LIEBE TAGELOHN

*»Denn was bei Licht zerbricht,
all das geht weiter
in der Finsternis.«*

JOSEPH BRODSKY

*»Alle Finsternisse sind
schlafendes Licht.«*

KURT HEYNICKE

TAGELOHN

die zeit heilt
alle wunden
nicht

die liebe
allenfalls

jene liebe
aber
tagelohn

öffnet
manche
ihrer schätze
denen nur
die im frondienst
sich
in ihr bergwerk
trauen

MUT

wagst du es
die hässlichen kröten
in dir zu küssen
immer
und immer wieder
unbeirrt

bis sie sich
allmählich
verwandeln
oder auch nicht

P. S.

wer weiss
vielleicht
würde die seele
verhungern
lebtest du
im schlaraffenland

MIT EIGENEN AUGEN

du glaubst nur
was du siehst
sagst du

und ich sehe
dass du nur siehst
was du glaubst

FRAGIL

sie
bezeichnete ihre freundin
als fragil
und sah
ein feenwesen
feinsinnig
zart
mit klarem blick
fürs unsichtbare

er
verstand
wrack
drogensüchtig
labil
und sah
einen 2cv
der vor rost
beinahe auseinanderfiel

sie war schweizerin
er war österreicher

noch sind sie ein paar

wie viele jahre doch
in einem einzigen tag
enthalten sein können …

das zwiegespräch zog sich
noch lange hin
obschon die worte
längst ausgegangen waren

in den leeren kaffeetassen
klebte ein altes liebeslied

LAUFPASS

ich schenke dir
den laufpass der liebe

geh und folge den spuren der sehnsucht
die ich dir nicht erfüllen kann

geh und dreh dich nicht um
bevor du nicht weit genug weg bist
denn ich stehe versteinert und weine

geh und lass erblühen
was in dir angesät

möge der segen des himmels wie ein zelt
über dir sein und über allen
die dir begegnen

nimm den pass und lauf
die grenzwächter winken freundlich

SCHRITT UM SCHRITT

»*Umwege erweitern
die Ortskenntnis.*«

MARTIN BUBER

FREMDENFÜHRER

schauen
als wärst du
keiner geschichte
keiner sprache
kundig

sein
als trügest du
keinen namen
und kein je
im spiegel
erblicktes gesicht

atmen
als atme das all
durch dich

der weg
eben noch weg
mündet
im unbegangenen
seit ewigkeiten
von niemandem
gewartet

an den dornenranken
bleibt
das dicke fell
in fetzen
hängen

dünnhäutig
ertastest du
eine fährte
dort
wo der fuchs
und der alte hase
weiss gott
wie er läuft
sich noch immer
nicht freundlich
gute nacht sagen

PILGER

zwischen rast
und unrast
schritt für schritt

leichter
das gepäck
hier als dort
wo du los
gezogen

auf die frage
wohin des wegs
die entgegnung
des heimlichen
lotsen
nach hause
stets
als fremde

die rückkehr
an den ort
des aufbruchs
das schwerste

ECHO

mit schreien jenseits
unserer reizschwelle
wagst du es
die reiche der finsternis
auszuloten

vom widerhall
durch die endlosen
höhlenlabyrinthe
dich leiten zu lassen

um schweissgebadet
wiederzukehren
mit einem bündel
wegzehrung auf dem rücken
in den schlaf aller tage
gesponnen
aus den kunterbunten garnen
der dreieinen weberin

SKRIPT

schwerer noch zu lesen
als unsere träume
ist das was wir
mit offenen augen sehen

schwerer auch
umzuschreiben
da so viele mitschrieben
an diesem skript

und rund um die weltkugel
schreiben und schreiben
und schreiben
mit jedem gedanken
jedem atemzug
jedem laut jeder tat

staubwirbel
im ozean der luft

BLAUE STUNDE

durch die meere
der nacht
gezogen

bezirzt
von den bunten schätzen
unter wasser

haarscharf
noch einmal
entronnen
den anglerfischen
die mit laternen
zu ködern dich suchten

anker setzen nun
in der dämmerung

und schritt um schritt
waten an land
wieder fuss fassen
im licht des tages

fremd geworden
dort
wo du herkommst

fremde
dort
wo du wohnst

einheimische
der anderswelt

wo es wohl
hinführen würde
das leben

wenn man
es liesse

SPAZIERGANG

weit und breit
die einzige
die keinen hund
spazieren führt
keinen kinderwagen
und keinen geliebten
noch keine grauen haare hat
und keinen sport treibt
an diesem späten
sonnigen nachmittag
mitten in der woche
am fluss

die sinne nur
führst du aus
und den verstand
damit er auslüften kann
und schnuppern
da und dort
am wegrand

hin und wieder
wirfst du einen knochen
möglichst weit
auf dass er zum laufen kommt
und was zu beissen hat

UMZUG

aus dem schlaf gerissen
mitten in der nacht
hier wo du
den lichtschalter
noch nicht
im dunkeln findest

spürst du
wie mit geisterhand
schrauben
gelockert werden

dinge gerückt
von da nach dort
hin und her
in deinem kopf
bis alles neu
eingerichtet ist

gerade noch einmal
die kurve gekriegt

wann lässt du endlich ab
vom irrglauben
im leben müsste alles
geradeaus gehen

loslassen
was geht

zulassen
was kommt

einem narren gleich

einstimmen
in das grosse lachen
in den eingeweiden des seins

DREI WÜNSCHE

in den augen
ein körnchen blau

mit der sonne ein wort
während der stein
wieder einmal vom berge rollt

im wirbel der dinge
den herzschlag der stille

(2005)

DAS DENNOCH BEHÜTEN

*»Nicht müde werden
sondern dem Wunder
leise
wie einem Vogel
die Hand hinhalten«*

HILDE DOMIN

MÄRZ IM SÜDEN

das alte laub
knistert unter den füssen
das gras aschbraun
die nachrichten melden
akute waldbrandgefahr

am himmel brummen
die gelben flieger
mit den dicken bäuchen
tagein tagaus
löschen das feuer
hinter dem berg

woher bloss nehmen
die blüten
des pflaumenbaums
den mut
sich zu öffnen

tun
was zu tun ist

auf der verbrannten erde
weitergehen

mit dem schmelzwasser
aus dem schnee von gestern
die lippen benetzen

wider besseres wissen
aber und abermals
jemandem vertrauen

ein streichholz anzünden
im wind

schwindelnd
das gleichgewicht behalten
auf dem grat

ab und zu barfuss
neben den schuhen tanzen

unter der asche
das dennoch behüten

und dich darauf verlassen
es blüht
hinter uns her

(für H. D.)

ASTAUGEN

unverhohlen
blicken die astaugen
dich an

da und dort
meinst du
eines zwinkern zu sehen

doch diesmal
lässt das leben dich dir
nicht entschlüpfen

AM SONNENHANG

auch du verbringst
diesen winter am meer
abends steigt die flut
vom flachland her
tagsüber herrschen
ebbe und dunst

schreibst du
auf der ansichtskarte
mit den silberweissen
wogen überm land

von hand
gestrickt die pulswärmer
an deinem gelenk
die filzmütze »made in china«
die stiefel und der dicke mantel
uralt und schon wieder
avantgarde

von zeit zu zeit
tauchst du ein
ins nebelmeer
bringst ewiggestrig
einen brief zur post
kaufst die nötigsten
siebensachen
und wunderst dich
über das emsige tun
auf dem meeresboden

da und dort dreht
sich jemand nach dir um

erstaunt vermutlich
dass du nicht im takt gehst
über das fünkchen
sonne in deinen augen
und den wunderlichen
schnorchel in deinem mund

NACH DEM GROSSEN REGEN

schwarz getüncht
ragen die bäume
in den weissen himmel
fuchsrot leuchtet
das mürbe laub
zu ihren füssen
junges grün glitzert
an den ästen

mondelang hat
der trockene schoss der erde
nach regen gelechzt
nun gluckst sie
befriedigt und satt

die wege auf den berg
sind zu bächen
geworden

du aber trägst
unermüdlich
den schweren stein
selbst in gummistiefeln

RAUHNÄCHTE

wieder an land gespuckt vom wal
der dich in der traumzeit
zwischen den monden
in die tiefen des ozeans entführte

schüchtern – wie damals
den ersten schritt wagen
auf die tanzfläche
des neuen jahres

wie brüchig
die welt doch ist

wie dünn die schleier
zwischen den schichten

und wie unbeschwert
das glück jener
die es noch nicht wissen

plötzlich stehst du
am drehort des lebens
und spielst
ohne zu wissen
welche rolle dir zugedacht ist

du gibst dein bestes
und improvisierst
mit den andern
die ihre rolle ebenfalls
nicht zu kennen scheinen

worum
es in diesem stück
eigentlich geht
weiss keiner

zeitweise
glaubst du es zu ahnen
doch dann beginnt alles
wieder zu verschwimmen
und zweifel tauchen auf

irgendwann
ruft jemand
aus dem off
klappe

>>die realität hat eine schiebetür«

H. C. ARTMANN

in der wand
von der du
bis zu diesem zeitpunkt
nicht wusstest
dass sie da stand
unvermittelt

eine schiebetür

sie öffnet sich
eine handbreit
und flüchtig siehst du
in einen andern raum

blickst ins gesicht
einer gestalt
die dort steht
und dich befremdet

dennoch weisst du
weisst
mit beben im bauch
dass du es bist

auch das

FREMDER ORT

in den nächten ist dir
als würde dein kopf
auf den kopf gestellt
der inhalt kräftig
durchgeschüttelt
und neu gemischt
selbst die träume
sind anders

beim erwachen
bist du dir
nicht mehr sicher
wer in deiner haut steckt

NOVEMBERMORGEN IM STADTADLERHORST

noch liegen die häuser im dunkel
aus den schornsteinen
schlängelt rauch

die menschen schälen sich
aus den warmen betten
zünden die lampen an
trinken kaffee
lesen die zeitung
gähnen und ziehen sich an

dick verpackt in mäntel
mützen und schals
eilen sie in alle richtungen

sehen nicht
wie hinter dem horizont
gerade das licht
zur welt kommt

dich trifft jetzt
der erste sonnenstrahl

UNTER DEN BRETTERN

wer einmal
sei es aus freiem willen oder
von weiss nicht wo verordnet
einmal nur
hinter die kulissen gesehen
betrachtet das geschehen
auf der bühne für immer
mit anderen augen

wer einmal unterwegs war
in den spiegelkabinetten
hinter den stellwänden
und unter den brettern der welt
dem verschlägt es bisweilen
die sprache im scheinwerferlicht

VORWEIHNACHTEN

es regnet
der frische schnee wird grau
und schmilzt

licht nur im wachs
dem die flamme fehlt

vom dach fallen stollen
dumpf und schwer
schmiegst du dich
ins strickwerk
von streichern

sachte umgarnt
wirst du unverhofft gehalten
von klängen federleicht
gehalten in der welt
von irgendwo

SILVESTERNACHT

das feuerwerk verstummt
am himmel leuchten unbeirrt
die alten sterne im neuen jahr

DREI WÜNSCHE

eine handvoll sauerteig
damit das glück aufgeht

da und dort ein spalt
durch den die winde des lebens
ihre weisen pfeifen

im bauch
das lächeln der schmetterlinge

(2008)

ZWISCHEN DEN WÖRTERN RAUM

»Was nicht zur Sprache kommt,
kommt nicht zur Welt.«

»Wovon man nicht sprechen kann,
darüber muss man schweigen.«

LUDWIG WITTGENSTEIN

TUCHFÜHLUNG

verschlagen
die sprache
vom leben
verloren
die grossen worte

mit stummen gesten
gehst du
nach langem
langem
zaghaft wieder
in tuchfühlung
mit der welt

silbe um silbe
lallst du
hinkend
neben dem chor

RUMPELSTILZCHEN

so manches mal
kommt im schatten
zur welt
was nicht
zur sprache kommt
treibt
heimtückisch
sein unwesen
zieht
die roten fäden
bis jemand
sein wesen erkennt
und beim eigenen
namen nennt

DICHTBAUKUNST

wenn es gelänge
worte zu finden
zu setzen
auf kleinsten raum

ohne sich zu verlieren
im beliebigen
im nirgendwo

und ohne bei jedem schritt
über etwas zu stolpern
oder den kopf anzustossen
wie in einer italienischen stube
wo alles gesammelt wird und jedes
was an irgend etwas erinnert

worte
die raum
zu schaffen vermögen
anstatt ihn zu verstellen

formen
die leere enthalten
schlicht
im nichts stehen
das hereinfallende licht
neu bündeln

dann könnte stille
statt finden

SCHWEIGEN

schweigen ist selten gold

verstummter schrei oft
sprachlos geborener schmerz

angestaute flut
von ungesagtem
unsäglich geworden

oft drückt im schweigen
mehr sich aus
als jemand verträgt

viel zu vielsagend der raum
zwischen den höflichen floskeln

halt suchend
irrlichtert
was nicht zu benennen
wir uns bemühen
zwischen allen zeilen herum

oft ist schweigen blei
oft eine waffe

selten ist schweigen gold

selten weht der wind
uns im schweigen
jene botschaft zu
die unaufhörlich
aus stille sich webt

aber wenn –
dann ist es einfach
unbeschreiblich

ÜBER DEM SEE

ein licht
ein glitzern
auf dem see
bei dem du glaubst
es müsste möglich sein
übers wasser zu gehen

ein säuseln
in dem du die stimmen
des himmels
in dir flüstern hörst

der glockenschlag
der kirche
fällt wie ein stein
in die tiefe
der seele
zieht kreis
um kreis
um kreis

das leben
wo du es anrührst
verglüht

wort geworden
ist nichts mehr
was es war

es bleibt
der docht
ertränkt
im wachs

es bleibt
die asche
und
was sich
allenfalls
daraus erhebt

gespannt
zwischen den lauten
die stille

SCHWARZER SPIEGEL

schwarzer spiegel
stille

ein tropfen
fällt
das gesicht
zerfliesst
in fratzen

der see
weiss
nichts
vom antlitz
das sich bricht

der himmel
nichts
von seiner
kräuselung

die wolken
ziehen
unbehelligt
weiter

du aber
lässt
die stille
einen augenblick
zu wort
kommen

wo das wort
die leere berührt
dort

ist die klinke

wenn alles sagbare
gesagt ist
zeigt sich womöglich

das unerhörte

vermagst du
klang zu sein
stille

die blüht

DREI WÜNSCHE

das hämmern
aus der schmiede des glücks
in der brust

zwischen traum und tag
den murmelnden singsang der kiesel
am grunde der ewigen flüsse

prickelnd
unter der haut
das zirpen der grillen

(2009)

IN DEN BERGEN AM MEER

hier sind raum und zeit
aus stille gewoben
die kalender ausgehebelt

nach langer weile
beginnst du die dinge
aus dem blickwinkel des alls
zu betrachten

auf den glanzflächen
im meer feiern die engel
einen maskenball

du ziehst die letzte
zwangsjacke aus
und mischst dich
mitten unter sie

STAMM

weiss der stamm
wo er aufhört
stamm zu sein
wo er wurzel wird
und erde
wo er ast wird
zweig und blatt
und blüte
schatten
licht und all

weisst du
wo du aufhörst
du zu sein

HAIKUS

*»So unfassbar einfach
ist alles«*

ROSE AUSLÄNDER

FRÜHLING

mit geschlossenen
augen wachst du auf · mitten
im vogelkonzert

leise beginnt gras
zu wachsen auf dem unlängst
geschlossenen grab

auch in diesem jahr
beim ersten ruf des kuckucks
kein geld im beutel

jetzt erst vernimmst du
vor lauter geschäftigkeit
das lied der amsel

ein buchfink flattert
aus dem mund des immergrün-
umrankten engels

ein leiser lufthauch
lenkt den flug des blütenstaubs
ganz woanders hin

kaufst brot und tulpen
beim rückgeld der duft von frisch
gemachter liebe

unverschämt putzt sich
ein fink die füsse an schnee-
weissen kirschblüten

betört vom duft des
blauregens lauschen wir dem
gesang der stille

himmelblau ladet
der see zum bade · eiskalt
der kopfsprung vom brett

lachend lässt sich der
bengel die haare kämmen
vom lauen fahrtwind

wenn ihr bloss wüsstet
wispert das wasser · als der
haubentaucher · schwupps

stossverkehr · mitten
im kreisel picken tauben
im vergissmeinnicht

wow · die statue · schau
ein nest hungriger vögel
zwischen den beinen

im verblühen voll-
endet · übergibt sich der
löwenzahn dem wind

SOMMER

die schmetterlinge
tanzen · komm · lass uns tanzen
zur selben musik

leermond · nachtkerzen
am wegrand · ihr duft weist dich
sicher nach hause

stechmücken sirren
und donner grollen auf dem
trommelfell der nacht

halbnackt im strandbad
strickt die frau emsig einen
winterpullover

genüsslich leckst du
die brosamen der sonne
von der feuchten haut

welt · lass mich trunken
hand in hand mit dir gehn im
lindenblütenduft

wann liest der falter
was mitschwebt auf den flügeln
gezeichnet in staub

mit seinem schatten
pinselt der bambus lautlos
den wind an die wand

von einem abend-
sonnenstrahl durchbohrt · liegst du
am sommerwaldrand

HERBST

nur der baum kennt das
leise zittern einsamer
kirschblüten im herbst

bunt geschminkt tanzen
die blätter kichernd in den
armen des windes

die blätter fallen
fallen ohne gram · betten
sich sanft zur ruhe

der wind wird stärker
im kastanienwald jetzt
russisches roulette

in gold gewandet
segeln die blätter dem ver-
wesen entgegen

im nebel flackert
ein blatt · taumelt gelassen
zu den anderen

was für ein lärm · wenn
ich nur wüsste · wo dieser
herbststurm atem holt

WINTER

es schneit · im brautkleid
steht allein auf weitem feld
die vogelscheuche

leise rieselt es
bald ist das dunkle land in
weissen samt gehüllt

auf den saiten der
stille spielen eiskalte
winde · knirscht der schnee

zwischen den jahren
liest der alte mann spuren
im entlaubten wald

die flocken fallen
schwerelos · der bambus bricht
unter dem gewicht

schatten aus schnee in
den karrenrinnen werfen
ihr licht weit voraus

stille · dem schmelzen
der schneekristalle lauschen
wie warm das eis summt

lose gehäkelt
in den furchen der alte
schnee · flüchtige schrift

unter dem mantel
aus eis zerbricht der same
beherzt die schale

... UND WIEDER FRÜHLING

unentziffert am
schattigen berghang schmelzen
die runen aus schnee

im gewalzten gras
läuten wilde schneeglöckchen
still den frühling ein

krokus und primel
strecken ihre näschen keck
aus dem niemandsland

sogar auf dem zweig
im herzen zwitschert heute
eine nachtigall

schon um halb sechs zur
mattinata der vögel
im schönsten kostüm

INHALT

TAGEDIEBESGUT

zur serenade …	5
FRÜHLINGSERWACHEN	6
HOMMAGE AN EINEN TAGEDIEB	7
GARN	8
RENDEZ-VOUS	9
DIE ALTE FRAU	10
MADAME DE MEURON · SPÄTER NACHRUF	12
ODYSSEE	13
GEDICHTE WACHSEN	14
FLEDERMÄUSE	16
wer um himmels willen …	17
MEMO	18

KEHRSEITE

AN EINEN DICHTER	21
worüber schweigen …	22
im köcher …	23
IMMERGRÜN	24
so jung …	26
UNERLOSCHEN	27
P. S. POST MORTEM	29
WO DU BIST	30
FLÜGGE	32
ZU GRUNDE	33
SOMMERREGENTAG	34
COGITO ERGO	36

DADA GUGU

DER ERSTE BLICK	41
GUTENACHTSPIEL	43

DADA	44
STRANDBILD	46
SCHLUSSLICHT	47
NOVEMBER	48
TAGESRAPPORT	50
GRAVITATION	52
schneemoos…	53
RECHTSCHREIBUNG	54
taumelbuntfalter…	55

HERBSTSYNKOPEN

ach könnt ich wie die rosen…	59
FERMENTATION	60
JAHRMARKT	61
HERBSTSPAZIERGANG	62
HERBSTSEGEN	64
BERLIN STELENFELD	65
ODE AN DEN HERBST	68
IN WEITER FERNE SO NAH	69

DIE LIEBE TAGELOHN

TAGELOHN	73
MUT	74
P. S.	75
MIT EIGENEN AUGEN	76
FRAGIL	77
wie viele jahre doch…	78
das zwiegespräch zog sich…	79
LAUFPASS	80

SCHRITT UM SCHRITT

FREMDENFÜHRER	83
der weg…	84

PILGER	85
ECHO	86
SKRIPT	87
BLAUE STUNDE	88
fremd geworden…	89
wo es wohl…	90
SPAZIERGANG	91
UMZUG	92
gerade noch einmal…	93
loslassen…	94
DREI WÜNSCHE (in den augen …)	95

DAS DENNOCH BEHÜTEN

MÄRZ IM SÜDEN	99
tun…	100
ASTAUGEN	101
AM SONNENHANG	102
NACH DEM GROSSEN REGEN	104
RAUHNÄCHTE	105
wie brüchig…	106
plötzlich stehst du…	107
in der wand…	108
FREMDER ORT	109
NOVEMBERMORGEN IM STADTADLERHORST	110
UNTER DEN BRETTERN	111
VORWEIHNACHTEN	112
SILVESTERNACHT	113
DREI WÜNSCHE (eine handvoll sauerteig…)	114

ZWISCHEN DEN WÖRTERN RAUM

TUCHFÜHLUNG	117
RUMPELSTILZCHEN	118
DICHTBAUKUNST	119
SCHWEIGEN	120

ÜBER DEM SEE	122
das leben …	123
SCHWARZER SPIEGEL	124
wo das wort …	125
DREI WÜNSCHE (das hämmern …)	126
IN DEN BERGEN AM MEER	127
STAMM	128

HAIKUS

FRÜHLING

mit geschlossenen …	133
leise beginnt gras …	
auch in diesem jahr …	
jetzt erst vernimmst du …	134
ein buchfink flattert …	
ein leiser lufthauch …	
kaufst brot und tulpen …	135
unverschämt putzt sich …	
betört vom duft des …	
himmelblau ladet …	136
lachend lässt sich der …	
wenn ihr bloss wüsstet …	
stossverkehr · mitten …	137
wow · die statue · schau …	
im verblühen voll- …	

SOMMER

die schmetterlinge …	141
leermond · nachtkerzen …	
stechmücken sirren …	
halbnackt im strandbad …	142
genüsslich leckst du …	
welt · lass mich trunken …	
wann liest der falter …	143

mit seinem schatten…
von einem abend-…

HERBST
nur der baum kennt das…   147
bunt geschminkt tanzen…
die blätter fallen…
der wind wird stärker…   148
in gold gewandet…
im nebel flackert…
was für ein lärm · wenn…   149

WINTER
es schneit · im brautkleid…   153
leise rieselt es…
auf den saiten der…
zwischen den jahren…   154
die flocken fallen…
schatten aus schnee in…
stille · dem schmelzen…   155
lose gehäkelt…
unter dem mantel…

… UND WIEDER FRÜHLING
unentziffert am…   159
im gewalzten gras…
krokus und primel…
sogar auf dem zweig…   160
schon um halb sechs zur…

Andrea Maria Keller, geboren 1967, aufgewachsen in Appenzell, gestorben 2021 in Bern, absolvierte ein Phil 1-Studium in Fribourg und lebte als freischaffende Lyrikerin und Lektorin in Bern. Zusätzlich zu ihren drei Gedichtbänden ›Innere Lande – Logbuchnotizen‹, ›Mäanderland‹ und ›Vielstimmig‹ erschienen ›Tagediebesgut – 99 Wortschatzkarten‹ und der Wortfächer ›Juckreizwörter‹.

»Ein schmales Oeuvre, bemisst man es an der Anzahl Publikationen. Ein gewichtiges Werk, wenn man Andrea Maria Kellers Fähigkeit zur sprachlichen Reduktion auf eine geballte Ausdrucksintensität und ihre zuweilen fast somnambule Hellsichtigkeit bedenkt.«
Alexander Sury in ›Der Bund‹, Bern

Für die Unterstützung bei der Drucklegung dieses Buches danken der Verlag und die Autorin der Stiftung Pro Innerrhoden, der Stadt und dem Kanton Bern.

Die edition 8 wird im Rahmen des Konzepts zur Verlagsförderung in der Schweiz vom Bundesamt für Kultur mit einem Förderbeitrag für die Jahre 2021–2024 unterstützt.

Besuchen Sie uns im Internet: Informationen zu unseren Büchern und AutorInnen sowie Rezensionen und Veranstaltungshinweise finden Sie unter www.edition8.ch

Oktober 2023, 3. Auflage (die erste Auflage erschien bei Edition Howeg), © bei Pius & Laurin Leutenegger, © dieser Ausgabe bei edition 8. Alle Rechte, einschliesslich der Rechte der öffentlichen Lesung, vorbehalten.
Gestaltung & Satz: Jürg Burkhard;
Lektorat & Korrektorat: Armin C. Kälin;
Druck: Bookstation GmbH, D-85646 Anzing.
Verlagsadresse: edition 8, Quellenstrasse 25, CH-8005 Zürich, Telefon +41/(0)44 271 80 22, info@edition8.ch

ISBN 978-3-85990-434-7